27
L n 15812.

ÉLOGE

DE

BLAISE PASCAL,

Par M. WORBE, *Docteur en Médecine et Licencié en droit, ancien Professeur de Physique et de Chimie, Membre Correspondant de la Société de la Faculté de Médecine de Paris, de la Société médicale d'Evreux, de la Société d'Emulation de Rouen, etc.*

ÉLOGE

DE

BLAISE PASCAL.

Les grands Génies ont leur empire, leur éclat,
leur grandeur, leurs victoires.

(PASCAL : Pensées.)

PARMI les hommes dont la renommée a rempli le monde, beaucoup ont eu besoin d'être loués, pour ne pas tomber dans l'oubli, du moment même qu'ils avaient cessé de charger la terre du poids de leur grandeur. Combien de ces demi-Dieux ne doivent qu'à leurs Panégyristes l'honneur de n'être pas morts tout entiers ! Que de Poëtes, que d'Orateurs ont prostitué leur art, en encensant des vertus imaginées par le mensonge, en proclamant des talents reconnus par la flatterie, en exaltant des actions relevées par la bassesse ! On n'a point à craindre de semblables reproches en faisant l'éloge de Blaise PASCAL.

Lorsqu'on célèbre un Héros à l'instant de sa mort, le

bien qu'on se hâte d'en publier peut être suspect à des contemporains assez injustes pour ne payer qu'avec peine le tribut d'admiration qu'ils doivent à ses hauts faits ; mais quand deux siècles ont consacré ses trophées , celui qui chante l'hymne de son apothéose doit plutôt craindre de rester au-dessous de son sujet que de s'élever au-dessus.

Telle est la situation de ceux qu'un noble zèle excite à louer PASCAL. Chacun sait que ce grand homme peut ceindre sa tête d'une couronne immortelle, sans que l'éloquence des autres vienne l'y placer : personne n'ignore que le temps qui détruit tout a de jour en jour rehaussé les monuments de sa célébrité. Cependant on ne peut se le dissimuler : il est difficile de connaître et d'apprécier PASCAL , et il est plus difficile encore de le montrer dans toute sa gloire.

Génie d'*Archimède*, enseigne moi les vérités les plus hautes de la Géométrie , initie moi aux mystères les plus secrets de la Physique ; il faut que je m'élève jusqu'au sublime de ces sciences : je vais parler de PASCAL. Foi chrétienne , Charité divine , descendez dans mon ame , remplissez mon cœur ; il faut que j'exhale la morale la plus pure : je vais parler de PASCAL. Mais pour le représenter , devinant *Euclide*, étonnant *Descartes* , surpassant *Galilée*, devançant *Newton*, inspirant *Bossuet*, imitant *Vincent de Paule* , que n'ai-je et les pinceaux et les couleurs de *Louis de Montalte !*

Tout éloge commence par l'histoire de la naissance du

Héros. Est-ce en jouant sur les dégrés d'un Trône qu'il a appris à marcher, il était déjà grand, même avant que de naître. Si du moins il est issu de parents qui tiennent un très-haut rang dans ce qu'on appelle le monde, l'Orateur peut se complaire à dérouler la longue liste de ses aïeux. Mais qu'un homme de génie soit né dans une classe obscure, son Panégyriste passe sous silence ceux qui lui ont donné le jour et ne s'occupe que de lui seul. Ainsi *Franklin* méditant le savant et hardi projet de maîtriser la foudre, ne s'inquiète pas si ce feu du Ciel est monté des bords d'un marais fangeux ou des rives d'un fleuve limpide.

Blaise Pascal ne fut point un malheureux proscrit, dès en naissant, par la bassesse de son extraction. Il était destiné à remplir des fonctions honorables. Son père était noble et occupait une première place dans la Magistrature à Clermont en Auvergne. C'est dans cette ville que les yeux du rival de *Toricelli* se sont ouverts à la lumière, le 19 Juin 1623.

L'enfance de Pascal s'écoule avec rapidité, ou plutôt Pascal n'eut point d'enfance. Sa grande ame n'a pas été abaissée à cette espèce de néant. Dès le berceau il annonça ce que bientôt il allait être.

Le plus beau diamant ne peut briller de tout son éclat, si le lapidaire ne le taille habilement; de même ce qu'il y a de plus étonnant, de plus admirable sur la terre, l'homme de génie communément vit et meurt ignoré, si l'éducation

n'opéré en lui ce que l'Artiste fait pour la pierre pré-
cieuse.

Loin de nous l'erreur émise par la pédanterie , accré-
ditée par l'ignorance, accueillie par la frivolité , qu'un père
ne peut être l'instituteur de ses enfants. Etienne Pascal
fut le précepteur de son fils. *Montaigne* aussi avait eu
pour premier maître l'auteur de ses jours. Honneur , mille
fois honneur aux pères de *Montaigne* et de PASCAL !

Au dix-septième siècle , l'étude des langues anciennes
était le principe nécessaire de toute instruction. Dans le
monde savant on ne parlait , on n'écrivait, on ne pensait
qu'en latin. La connaissance du grec était également in-
dispensable à qui voulait cultiver les Sciences. Cependant
Etienne Pascal ne se pressa pas d'enseigner à son élève
les idiômes de *Démosthènes* et de *Cicéron*. Avant que de
l'appliquer à ce genre d'étude, il lui avait montré ce qu'on
nomme la Grammaire générale. Afin d'exciter sa curiosité ,
de fixer son attention , en même temps qu'il occupait sa
raison et exerçait sa mémoire , il lui parlait souvent des
phénomènes de la nature , il lui en donnait des explica-
tions au devant desquelles le génie de Blaise s'avançait
fréquemment. PASCAL avait douze ans , il ne balbutiait
plus sa langue maternelle , quand il apprit celle d'Athènes
et de Rome.

La gloire de PASCAL est tellement liée à celle de son
père , qu'il n'est pas possible de louer l'un , sans honorer l'autre. Etienne serait plus renommé , si Blaise était

moins célèbre. Très-instruit lui-même , le Magistrat de Clermont comptait au nombre de ses amis les *Mersenne*, les *Fermat* , les *Carcavi* , les *Roberval* ; tous les hommes distingués par leur savoir ou recommandables par leur zèle pour les progrès des Sciences , étaient ses correspondants.

Les cris de la vieille Ecole se perdaient dans le désert. La philosophie d'*Aristote* n'inspirait plus cette [aveugle vénération qui ne permet pas de distinguer une opinion d'un fait , le probable du certain , le faux du vrai. Déjà l'on marchait dans la route de la vérité ; car on osait douter. La pensée se communiquait avec une rapidité qu'on peut aujourd'hui dire électrique. Tel qu'un de ces immenses météores qui s'annoncent en répandant tout à coup des torrens de lumière, *Descartes* avait paru : il éclairait le monde. Etienne Pascal jetait les fondements d'une Académie fameuse. Sa maison était le rendez-vous des Savants du siècle : là se jugeaient les travaux , là se répétaient les expériences de ceux qu'on appelait dangereux novateurs. La réunion de ces grands hommes était le creuset où s'épurait la doctrine nouvelle. Très-jeune encore , PASCAL assistait à ces doctes conférences ; sans doute son attention méritait des louanges ; mais ses réflexions commandaient l'admiration.

Quelqu'intérêt que puissent inspirer les idiômes dans lesquels sont écrits les chefs-d'œuvres de *Pindare* et d'*Horace* , leur étude peut-elle avoir l'importance des

Sciences exactes ? Peut-elle offrir l'attrait des Sciences naturelles ?.... Le goût décidé que montre Blaise PASCAL pour les Mathématiques, fait craindre qu'il ne s'y livre avec trop d'ardeur. Et dès ce moment, son maître l'éloigne des savants entretiens qu'il est avide d'entendre. Cependant il lui promet (un père ne refuse guère qu'en promettant) qu'aussitôt qu'il comprendra *Sophocle* et *Virgile*, il lui enseignera ce qu'il désire si vivement de connaître. Toutefois, pour le consoler d'une privation jugée nécessaire, il laisse échapper, comme par avance : *La Géométrie est le moyen de faire des figures justes et de trouver les proportions qu'elles ont entr'elles.* Où rencontrer une définition qui convienne mieux à un Géomètre naissant ?

Elève docile, Blaise avance à grands pas dans la connaissance des langues anciennes. Mais quel est donc le penchant irrésistible qui l'entraîne ? Comment ! On ignore qu'il s'occupe de Géométrie, et déjà il a découvert un des rapports les plus importants du triangle avec le cercle : ô prodige ! Seul en se jouant, Blaise PASCAL par un *rond* et *trois barres* tracés avec du charbon sur les carreaux d'une salle, vient d'apprendre que *les trois angles d'un triangle sont égaux à deux angles droits.*

Si *Pithagore* sacrifia cent bœufs en reconnaissance de la découverte du carré de l'Hypothénuse ; si *Archimède* oublia qu'il était nu quand, en sortant du bain, il courut dans les rues de Syracuse publier la solution du problême

de la couronne d'Hiéron, quelle dut être la surprise d'E-
tienne Pascal, témoin d'une merveille non moins éton-
nante et produite par un enfant de douze ans ? On dit
qu'il fut épouvanté de ce qu'il venait de voir : non, il
n'en fut pas épouvanté; mais il se vit transporté au-delà
de ses affections paternelles, par un sentiment que peu
d'hommes sont capables d'éprouver. La grandeur future
de son fils le ravissait; il demeurait en extase devant la
puissance du génie dont il était le père.

Dès-lors plus d'obstacles à l'accomplissement des destinées de PASCAL. Les éléments de la géométrie sont dans
ses mains. On lui a permis de feuilleter tour à tour *Homère*,
Euclide et *Cicéron*; mais l'étude du géomètre grec fait
sa récréation et ses plus chères délices. Bientôt ces pages
de vérités immuables s'impriment dans son esprit, sans
d'autres secours que son avidité à les lire. PASCAL ne
tarde pas à réaliser les espérances qu'il a données. A
seize ans il publie un traité de sections coniques. On
avait douté du prodige de la découverte de la trente-
deuxième proposition d'*Euclide*, on nie formellement que
le nouvel ouvrage soit celui de Blaise. *Descartes*, ne
voulant pas en faire honneur au fils, se hâte de l'attri-
buer au père. Homme immortel ! Vous aviez oublié qu'au-
trefois vous vous étiez plaint aussi de l'application de
cette idée commune qu'il faut avoir long-temps vécu pour
produire quelque chose d'extraordinaire. Il est perdu ce
livre et la réputation de l'auteur n'en a pas souffert.

Néanmoins on doit le regretter ; car PASCAL ne pouvait offrir rien que de neuf, rien que d'original ; si la perfection fait l'essence du talent, l'invention est le cachet du génie.

Je n'ai jusqu'ici parlé de PASCAL que sur la foi des autres ; il est temps que je le montre lui-même : je veux dire que je vais essayer de faire connaître les œuvres que ce grand homme a transmises et qui sont les impérissables monuments de sa gloire. Puissé-je atteindre à la hauteur de mon sujet !

Des plans de campagnes , des travaux de siéges , des récits de batailles composent le panégyrique d'un guerrier. Pour faire l'éloge d'un géomètre et d'un physicien, comment ne pas présenter des calculs et des expériences. Loin de moi cependant le projet de charger ce discours de chiffres et de signes.

Dans le siècle où brillait *Descartes* on travaillait beaucoup sur les nombres , leurs espèces et leurs rapports. Quelle variété singulière de propriétés curieuses n'y ont pas trouvé les Algébristes de ce temps ! PASCAL aussi s'appliquait à ce genre d'étude et , sur cette matière , une double merveille est née de ses méditations. Trois ans sont à peine écoulés depuis qu'il a publié ce traité des sections coniques dont la profondeur avait étonné le vigoureux adversaire du Péripatétisme, qu'il invente et fait exécuter une machine au moyen de laquelle les quantités numériques peuvent, comme un automate, être ajoutées et multipliées, soustraites et divisées. Les opérations qui sont la base de la science des nombres, s'effectuent sur la Machine arithmétique, par un appareil de mécanique dont toutes les pièces sont tellement ajustées qu'il est impossible que le problême cherché ne se trouve pas résolu, aussi-tôt que la disposition voulue sera établie et que le mouvement nécessaire aura été imprimé.

Que cet instrument ait été simplifié par *Leibnitz*, la renommée de PASCAL n'a pu que s'en accroître. Puisque le Philosophe de Leipsick consacra ses talents à perfectionner une machine, sans doute elle était d'une valeur peu commune. Cette application de *Leibnitz* à faire mieux que PASCAL, n'est-elle pas un véritable hommage au génie de l'inventeur ?

On connaissait l'art de placer des nombres de façon qu'au seul aspect leurs rapports soient faciles à saisir : la table de *Pythagore* est depuis long-temps en usage. En composant son triangle arithmétique, quel avantage PASCAL ne retire-t-il pas de ces sortes de cartes ! Par ce moyen, il découvre beaucoup de vérités mathématiques et ce sont plusieurs problèmes ignorés jusqu'à lui. Si, dans ces tableaux, l'arrangement des nombres est déterminé d'une manière absolue, c'est pour que leurs sommes, leurs produits soient invariables ; c'est pour que leurs racines soient extraites par une méthode fixe et constante ; c'est pour que leurs combinaisons aient un résultat certain ; c'est pour que leurs puissances soient exactement connues ;

c'est enfin pour parvenir facilement à la solution générale de tous les cas particuliers.

Telle était la hauteur à laquelle PASCAL avait porté la science des nombres ; mais *Newton* vint et le binome fit négliger le triangle arithmétique , dont cependant l'honneur fleurira toujours , si toujours les enfants ont du respect pour leur père.

Des quantités numériques PASCAL passe aux grandeurs géométriques ; le cercle est examiné par lui , avec l'attention que commande la première des courbes, il l'étudie dans son tout et dans ses parties. Le considère-t-il comme une surface ? Il mesure et rapproche chacune des lignes qu'on peut y mener d'un point à un autre , et dans tel ou tel sens, soit qu'elles aient des directions parallèles , soit qu'elles forment des angles ou tendent à en faire. Alors de nouvelles vérités jaillissent du cerveau de PASCAL, et celles consacrées depuis des siècles, en ressortent plus lumineuses encore. Si PASCAL s'occupe des solides dont le cercle est le générateur , il a promptement résolu le plus difficile des problèmes qu'ils puissent présenter : bientôt il a déterminé le centre de gravité de ces corps. Après avoir comparé la sphère au cercle , il démontre ses rapports avec le cône et les triangles cylindriques. Deux courbes, dont la génération est si différente, la spirale et la parabole sont égales entr'elles ; c'est de cette somme de principes , de cette suite de combinaisons, de tous ces rapprochements, que PASCAL déduit la théorie d'une des branches les plus ingénieuses de l'architecture.

Fatigué d'immenses productions, ce grand homme laissait sommeiller son génie. Ce repos sera-t-il long ? Quel sera le réveil ?

Mersenne pouvait marquer un but, mais il ne cherchait pas toujours à l'atteindre ; il proposait des questions, mais souvent il abandonnait à d'autres la gloire de les résoudre. Moine mendiant, il avait vu rouler des chars ; et leur dorure, leur attelage, leurs maîtres avaient moins mérité son attention qu'un des clous fixés à la circonférence d'une roue en mouvement. Quelle courbe décrit en l'air ce clou, depuis l'instant qu'il touche pour la première fois un point du plan, jusqu'à celui qu'il y revient pour la seconde ? *Mersenne* jette ce problème au milieu des Mathématiciens de l'Europe.

Parvenu au premier dégré de célébrité, PASCAL ne voudrait plus ajouter à sa gloire ; mais quand les yeux du monde savant sont ouverts sur la Cycloïde, lorsque des difficultés à vaincre sont présentées avec autant d'appareil, Blaise PASCAL sera-t-il indifférent, restera-t-il oisif ? A la vérité le genre de vie qu'il a embrassé semble s'opposer à ce qu'un nom déjà si fameux devienne plus fameux encore ; mais se cachant sous celui de *Dettonville*, PASCAL propose plusieurs problèmes, et attache des prix à leur solution ; il fait plus : il promet de la donner, cette solution, si d'autres ne peuvent y réussir. Combien de personnages seraient moins empressés, moins hardis à interroger, si solennellement ils avaient contracté l'obligation de répondre à leurs propres questions!

Cependant il est expiré le temps du concours et personne n'a satisfait aux conditions imposées. *Dettonville* alors publie son travail sur la courbe dont tous les Géomètres se sont occupés, quelle couronne plus brillante pouvait obtenir l'auteur que celle qui lui fut décernée par les meilleurs esprits du siècle ? Néanmoins, et je ne dois pas le taire, des réclamations se sont fait entendre. Que dis-je ! La calomnie a tout tenté, tout fait, pour arracher à PASCAL les palmes qu'il avait cueillies, après avoir planté lui-même l'arbre qui les avait produites. Efforts inutiles ! Les Contemporains ont fait justice de ces plaintes tardives et mensongères, et la postérité a confirmé le jugement du dix-septième siècle. Aujourd'hui peut-on penser à la Cycloïde sans que le nom de PASCAL ne vienne à ce sujet rappeler le souvenir des productions de ce grand homme ?

Sur cet objet PASCAL ne veut rien laisser à faire après lui ! Il donne une méthode ingénieuse d'analyser tout triligne rectangle composé de deux droites se coupant à angles droits et fermé par une courbe quelconque; il trouve leurs centres de gravité ainsi que ceux des solides engendrés par la révolution de ces trilignes. Etendre sa méthode aux autres courbes et déterminer le centre de gravité des onglets les plus bizarres, n'était-ce pas compléter son travail, n'était-ce pas épuiser toute espèce de recherche sur la Cycloïde ? Quelle clarté dans les démonstrations ! Elles ont cette simplicité naturelle qu'il n'appartient qu'aux talents supérieurs de rencontrer.

La Physique, cette aimable sœur de la Géométrie, avait reçu de bonne heure les hommages de PASCAL. Son troisième lustre commençait à peine que son génie lui dictait l'explication d'un phénomène qui, quoique reproduit tous les jours, a pourtant moins d'observateurs que de témoins. A onze ans, Blaise PASCAL conçoit de lui-même qu'un corps sonore doit rester muet lorsque ses vibrations sont arrêtées. Ses idées, ses réflexions sur cette matière sont tellement étendues, tellement solides, qu'il compose un traité des sons. Il n'est point arrivé jusqu'à nous cet ouvrage. Que n'avait-on, à cette époque, l'empressement de faire imprimer les essais d'un enfant studieux ! Déjà j'ai fait voir la Machine arithmétique comme un prodige de l'application de la science des nombres, je vais de nouveau présenter ce système de rouages comme un chef-d'œuvre de mécanique. Si le génie de l'invention soumet à sa puissance divers éléments pour enfanter des merveilles, pourquoi ne pas les reproduire ces merveilles, pourquoi ne pas répéter des louanges aussi méritées ?

O toi dont le nom sera toujours un objet de respect, toi dont les livres seront sans cesse le sujet des méditations de tous les savants et de ceux qui veulent le devenir, *Aristote !* Il est vrai, tu as servi de guide aux hommes illustres qui nous ont arraché à la plus honteuse barbarie ; en suivant tes traces', *Bacon*, *Locke*, *Condillac* ont pénétré les mystères de l'entendement humain : *Cicéron*, *Bossuet* ont puisé dans tes leçons la véritable éloquence : tu conduisais *Virgile*, *le Tasse*, *Voltaire* quand ils créaient *l'Enéide*, *la Jérusalem*, *la Henriade* ; *Rotrou*, *Corneille*, *Racine* ont su par toi l'art de faire applaudir les accents de *Venceslas*, de *Rodogune*, d'*Iphigénie* ; *Pline*, *Buffon* n'ont presque fait qu'embellir de couleurs la nature que tu nous appris à connaître ; mais *Aristote*, quelques honneurs que l'on ait dû te rendre et qu'on t'ait rendus, a-t-on jamais pu être forcé de croire que tu étais infaillible. Nous n'en doutons point : *Descartes* et *Pascal* ont plus révéré ton génie, plus honoré ta mémoire, en réfutant des erreurs, tristes attributs de la faiblesse humaine, qu'en brûlant sur des autels dressés par la fanatique ignorance, le méprisable encens de l'idolâtrie.

L'art de faire monter l'eau dans des troncs creusés était anciennement pratiqué ; mais la cause naturelle de l'ascension d'un liquide dans ces instruments, restait au nombre des difficultés que l'esprit humain n'avait encore pu applanir. Une loi purement imaginaire servait à expliquer le plus important des Phénomènes hydrauliques. On répondait à toutes les questions qu'il faisait naître, par cette maxime répétée dans toutes les écoles, comme le plus évident des axiomes : *la nature a horreur du vide.*

Verra-t-on reléguer parmi les erreurs les plus grossières

un

un principe reconnu ; pendant tant de siècles, comme une vérité fondamentale ? Quelle lumière dissipera d'aussi longues ténèbres ? C'est à l'expérience seule qu'il appartenait d'opérer cette révolution: Un Souverain dont la mémoire sera toujours chère aux Lettres et aux Arts, veut qu'une colonne d'eau soit portée à une hauteur extraordinaire. Des machines construites avec tous les soins possibles, souvent corrigées, plusieurs fois changées, sont placées avec toutes les précautions imaginables ; cependant le liquide n'atteint point le but désiré. Qui mieux que *Galilée* pouvait découvrir la cause de cet obstacle ! Qui mieux que lui pouvait donner les moyens de le soumettre ? L'oracle de *Florence* fut consulté....., oublions sa réponse. Ce grand homme était alors sur le bord de sa tombe et il ne tarda pas à y descendre, heureux de trouver, dans le sein de la mère commune, la paix dont l'avaient privé l'ignorance et la superstition, la seule paix que doivent espérer ceux que leurs talens, leur génie élèvent au-dessus des autres.

Cependant elle n'était point ignorée du Professeur Italien la plus incompréhensible des propriétés du fluide dans lequel nous sommes plongés, sans lequel tout ce qui respire ne peut exister, de ce fluide que, de nos jours seulement, *Priestley* a fait mieux connaître, et dont *Lavoisier* a séparé les principes ; *Galilée* avait parlé de la pesanteur de l'air, ce phénomène est, pour *Toricelli*, l'éclair de la vérité. Encore quelques instans et, le flambeau de l'expé-

rience à la main , il va dissiper les ténèbres de l'ignorance.
Ah ! Faut-il qu'une mort prématurée le précipite à côté de
son célèbre maître ! Mais PASCAL reste , et c'est à lui
qu'est réservé l'honneur d'anéantir pour jamais *l'horreur
du vide.*

Au milieu des savants de l'industrieuse métropole de
l'ancienne Neustrie , PASCAL répète les expériences de
Toricelli. Le fils de l'Intendant de Rouen obtient les mêmes
résultats que le Physicien de Florence. Eh quoi ! Toujours
une vieille erreur sera-t-elle plus révérée qu'une vérité
nouvelle ! Une foule d'écoliers attaquent la découverte
moderne et s'élancent sur ses défenseurs. Ne pouvant
ramener à la raison des gens aveuglés par l'esprit de
parti et corrompus par la plus insigne mauvaise foi , il
fallait les réduire au silence ; ne pouvant les persuader, il
fallait les abattre.

Si la hauteur d'une colonne de mercure dépend de la
pesanteur de l'air , nécessairement moins la colonne de ce
dernier fluide sera grande, moins elle pesera et d'autant
moins le mercure montera dans le tube de *Toricelli.*
PASCAL place cet instrument au sommet des édifices les
plus élevés ; et ses conjectures deviennent des certitudes ;
mais son génie devait planer bien au-dessus de ces monuments ouvrages de la main des hommes. Non loin du
berceau de PASCAL , une montagne voit sa cime se perdre
dans les nues. C'est de la crête d'un des vieux ossements
du globe que PASCAL prouve que l'air est un fluide pesant

et que sa pesanteur est la cause immédiate de l'ascension de tout liquide dans les pompes.

Ce triomphe était trop éclatant pour que l'envie ne cherchât pas à le troubler. Je ne rappellerai point des noms désormais ensevelis dans l'oubli le plus absolu. Pourquoi faut-il que je trouve un homme immortel, parmi les détracteurs de Pascal ! Que *Descartes* ait indiqué l'expérience du Puy-de-Dôme, que son génie se soit rencontré avec celui de Pascal, l'honneur d'avoir exécuté restera toujours à ce dernier. Pardon, Esprits sublimes, si je décide entre vous. J'ose le dire : *Galilée* a fait le premier pas, *Toricelli* le second, mais le complément de la réfutation de la vieille erreur et la démonstration de la vérité nouvelle est le fruit des travaux de Pascal.

Pascal se plaisait à descendre des plus hautes conceptions à l'invention, au perfectionnement des choses les plus vulgaires, il imagine une espèce de chaise roulante dont le luxe a de nos jours repoussé l'usage, mais dont l'utilité se fait encore apercevoir. En brisant les timons d'un long char, il détruisit la cause d'accidents alors communs dans la capitale. Il rendit facile l'emploi de ce char, en y appliquant un des moyens les plus simples de la mécanique ; enfin il fit construire une machine singulière, et le puits auquel elle fut adaptée porta le nom de son illustre inventeur.

Comme Géomètre, comme Physicien, Pascal s'était acquis une réputation et brillante et solide ; toutefois s'il ne s'étoit distingué que dans la science qu'on a dit être née du besoin, s'il n'avait avancé que celle qu'on a nommée la fille de la curiosité, il ne serait pas si célèbre ; combien, en effet, ces champs de connaissances humaines cultivés, enrichis par Pascal, n'ont-ils pas été agrandis par ses successeurs !

Sans doute la Machine arithmétique ne peut cesser d'être admirée, les expériences du Puy-de-Dôme seront à jamais mémorables, l'appareil des vases ornera toujours les galeries où sont déposées ces instruments, faibles imitateurs des opérations de la nature ; et cependant ce qui suffirait pour immortaliser plusieurs savants, n'est pas ce qui fait aujourd'hui le plus d'honneur à Pascal.

J'imagine qu'un homme étranger à notre littérature vienne d'entendre parler d'un ouvrage que rien de comparable n'avait précédé, qui depuis a servi de modèle aux écrivains les plus recommandables, et qui, après des siècles, offre encore tout le charme de la nouveauté la plus séduisante. J'aime à croire que cet homme, pressé par le besoin de rendre hommage au génie créateur de cette merveille, se hâterait de demander qui il était, quel fut le sujet de ses veilles et quelle en a été la récompense ? Si on lui répondait : l'Auteur de ce livre immortel a été obligé de se cacher sous un nom supposé ; l'objet de ses travaux fut une misérable querelle de cloître, et des persécutions de toute espèce ont été le prix de ses succès : pourrait-il croire aux prodiges qu'on lui aurait racontés ? Ces réponses seraient pourtant conformes à la vérité.

Pourquoi ne rappellerai-je point les circonstances qui ont donné le jour à cette production fameuse ? Sans flétrir les unes, ne peut-on pas honorer les autres ? Deux Sociétés célèbres partagent la vénération publique ; toutes deux sont également respectables par les sentiments de vertu, de religion dont chacun de leurs Membres est animé ; toutes deux comptent dans leur sein des hommes du plus rare talent ; dans l'une la subordination, l'esprit de corps arrêtent peut-être l'essor de l'imagination et compriment la liberté de la pensée ; dans l'autre, aucunes règles minutieuses ne viennent entraver la marche du génie : ici la gêne se fait sentir, là tout annonce le noble caractère de l'indépendance. Si chez les premiers, la piété est grande, exemplaire, chez les derniers elle a plus d'élévation, plus de dignité.

Cependant quelques principes, professés par la Compagnie de Jésus, étaient combattus dans Port-Royal : si l'on n'eût opposé que le savoir au savoir, la raison à la raison, moins de scandale sans doute eût affligé les ames honnêtes ; mais est-ce ici le lieu de se plaindre des écrits publiés par les adversaires de la Maison des Champs ? S'ils n'avaient pas été attaqués aussi vivement, ces illustres solitaires, PASCAL n'aurait point été dans la nécessité de répondre.

La langue française avait déjà perdu de sa rudesse :

la gracieuse naïveté d'*Amiot* avait charmé tous ses lecteurs. *Montaigne* avait plu autant par la justesse et l'ori-
ginalité de ses idées que par la hardiesse et la force de
ses expressions. Dans sa façon de discuter, PASCAL avait
déployé tout l'art de la dialectique : sa manière d'écrire
était loin d'être dépourvue d'intérêt et même de grâces. Mais
quelqu'amour qu'on ait pour PASCAL , il est impossible
de voir, dans ses dissertations savantes, cette perfection
inconnue de style que la France étonnée a vu couler de
la plume de *Louis de Montalte* : c'est l'heureux nom
sous lequel parurent les Provinciales.

Dès son entrée dans la carrière qu'il doit fournir dix-
huit fois, PASCAL atteint le but que se propose tout Auteur de bon sens : il se fait comprendre. Le sujet de la
dispute qui divisait les plus grands esprits de ce temps
et à laquelle le public prenait beaucoup d'intérêt , était
véritablement ignoré de la plupart de ceux qui s'en occu-
paient; mais après la lecture de la première lettre de *Montalte*
à un Provincial de ses amis, chacun est instruit, tous sont en
état de juger.

Si la gloire d'un Écrivain consiste à avoir un grand
nombre de Lecteurs, celle de PASCAL n'est point douteuse.
La curiosité publique dévore ses lettres à mesure qu'elles
paraissent. On attend avec la plus vive impatience la suite
de sa correspondance mystérieuse. Inutilement l'intrigue
et la cabale se déchaînent contre les Provinciales ; le
pouvoir les proscrit , mais la voix de la raison proclame

leur triomphe : quels moyens de résister à cette puissance éternelle ?

Qu'importe que l'autorité soutienne les champions que combat PASCAL , pourra-t-elle les soustraire au ridicule que, de toute manière, il fait pleuvoir sur eux ; et si elle ne peut les mettre à l'abri de cette arme si cruelle en France, dont les coups sont si sûrs et les effets si durables , qu'opposeront-ils désormais à leur redoutable adversaire ? Rien. Le silence et la honte , voilà le sort des vaincus. Tel est le caractère français. Quand on a réussi à verser le ridicule sur les hommes et les choses , cette nation bonne et maligne en même tems, est aussi prompte à briser une idole favorite qu'elle avait été légère à lui prodiguer ses hommages.

Sans doute cette victoire de *Louis de Montalte* faisait , dès cette époque, beaucoup d'honneur à PASCAL ; mais combien les lauriers qu'il cueillit alors se sont accrus en vieillissant ! Port - Royal a été détruit : les Jésuites ont été bannis ; le sujet des dissentions de ces deux Sociétés célèbres est anéanti pour jamais , et toujours les lettres Provinciales sont le digne objet d'une admiration sans cesse renaissante.

Sur quelque matière que PASCAL se soit exercé , il a plus fait que de produire, il a créé. Dans les Provinciales , il a porté l'idiôme français à sa dernière perfection. On a dit et mille fois répété que ce livre avait fixé notre langue , c'est une vérité incontestable ; mais me sera-t-il

possible d'en développer toute l'étendüe ? Si l'on se per-
suadait que la prose seule y ait gagné , on serait dans
l'erreur. Les *Labruyère* , les *Larochefoucaud* , les *Fénélon* , les *Bossuet* , ces génies originaux, faits eux-mêmes
pour servir de modèles , n'ont pas été les seuls qui y
aient trouvé un grand pas déjà fait vers le but où ils
tendaient. La poësie elle-même n'en a-t-elle point retiré
d'avantages ? Qui peut douter que P A S C A L instruit
par *Horace* n'ait adouci la muse de *Juvenal* , avant
qu'elle inspirât *Boileau* ? P A S C A L , *Térence* à la main ,
n'a-t-il pas épuré , pour *Molière* , le sel d *Aristo-
phane* et de *Plaute ? Racine* a-t-il pu manquer de saisir
dans les Provinciales cette netteté d'idées , cette abon-
dance de choses, ce choix de moyens , cette simplicité
de narration , cette vivacité de dialogue , cette variété
de transitions , cette vérité d'expression , cette pureté
continuelle de la langue qu'on admire dans chaque page
de ces Lettres justement fameuses? Sans doute la réunion
de ces qualités fera toujours un très-grand écrivain , soit
qu'un Auteur se serve du mode vulgaire pour exprimer
sa pensée , soit qu'il employe le langage des Dieux.
Enfin, pour redire, avec tout le monde , ce qu'on ne se
lassera point d'entendre : les Provinciales sont un composé
de satire et de raison , de comique et de sublime. Cet
étonnant assemblage est soutenu ou plutôt relevé par la
plus haute perfection de style à laquelle il soit possible
d'atteindre.

Forts de leur crédit, fiers de leur puissance, les ennemis de Port - Royal ne gardaient aucun ménagement
envers les nombreux adversaires que leurs opinions, leur
conduite leur suscitaient de jour en jour. Ils attaquèrent
un corps dont l'impie même a dans tous les tems honoré
les vertus, secondé le zèle et servi la charité ; mais ces
respectables Pasteurs trouvèrent dans PASCAL un défen-
seur aussi sage qu'éloquent ; si les Ecrits publiés à ce
sujet n'ont pas fait la même impression que les Provinciales, c'est moins à cause de l'infériorité des dernières
productions, que parce que l'on ne concevait plus rien
au-dessus des premières.

Avoir, pour les Sciences, un penchant insurmontable,
apporter à leur culture une application continuelle, con-
tribuer avec succès à leur agrandissement, voilà ce que
nous avons admiré dans PASCAL. Quels sentiments vont
désormais nous pénétrer quand, après l'avoir loué comme le premier écrivain de sa nation, nous aurons encore
célébré, dans lui, le moraliste le plus profond qu'aient
produit et les âges qui l'ont précédé, et les âges qui
l'ont suivi.

PASCAL a dit : *tout ce qui passe la géométrie nous
surpasse*, et PASCAL croit à la religion révélée aussi fer-
mement qu'aux théorêmes d'*Euclide*. L'exactitude des
démonstrations mathématiques, la certitude des expériences physiques ont fortifié son ame dans la foi vive
et pure que commande la doctrine du Christ. Que des

sophistes se soient fait un laborieux devoir , un faux honneur de calomnier sa mémoire , qu'importent leurs déclamations, qu'importent leurs injures ! Si l'on juge un homme par ses actions , peut-on raisonnablement élever des doutes sur les opinions religieuses du plus illustre des solitaires de Port-Royal ?

Etablir la nécessité, prouver la vérité du Christianisme avec des arguments assez forts pour que l'indifférent , l'incrédule , l'athée soient invinciblement forcés de courber leur tête superbe sous ce joug éternel et salutaire , tel est le divin projet qui depuis long-tems occupe PASCAL. Au milieu des souffrances les plus aiguës il prépare cet œuvre sublime dans lequel il ne veut parler que le langage le plus simple, dans lequel l'autorité doit se taire, l'imagination s'éloigner, et la raison seule se fait entendre. Il rassemble , ou plutôt il crée les matériaux du plus grand ouvrage que l'esprit humain ait jamais conçu. Cependant il ne s'achèvera pas ce Temple si digne de la Divinité à laquelle il est consacré ; mais des pierres éparses, quelques colonnes imparfaites apprendront à la Postérité la plus reculée quelle devait être la hauteur de l'édifice , et quel fut le génie de l'Architecte.

Si du moment où *Raphaël* fut enlevé aux beaux Arts, ses dessins ont été recueillis avec soin et recherchés avec avidité, si les ébauches du crayon de ce grand Peintre ont été conservées avec respect et sont encore feuilletées, étudiées avec enthousiasme, quel empressement religieux,

quelle pieuse attention n'a-t-on pas dû mettre à **rassem-**
bler les pensées de Pascal ? Il a vainement été attaqué
ce livre ; et malgré l'état d'imperfection où l'Auteur nous
l'a laissé, sans cesse il est médité par les sincères amis
de la religion ; toujours il sera avantageusement opposé
à ses impuissants ennemis.

Que ne puis-je faire connaître chaque page , chaque
ligne de ce livre immortel ! Mais comment abréger ,
quand il faudrait tout transcrire ? Comment préciser l'a-
nalyse exacte à laquelle l'esprit géométrique a soumis la
morale ? Pour l'apprécier cet ouvrage presque divin, ce
n'est pas assez que de l'étudier dans ses parties, que d'en
retenir le tout, il faut revenir d'une partie à une autre,
du tout à une partie, et des parties au tout.

Si Pascal doute, c'est pour arriver plus sûrement à
la vérité ; mais qu'il est loin du septicisme indéfini de
Montaigne ! La fermeté que montre Pascal n'est point
la servile insensibilité d'Epictète ; l'abaissement qu'il enseigne est plus sublime que la soumission de *Socrate.*

Sans doute les leçons contenues dans ce recueil n'ont
pas toutes la même importance , puisque toutes n'ont
pas pour objet des choses sacrées ; néanmoins celles qui
traitent des choses du monde sont admirables , autant
par leur utilité que par l'élégance et la simplicité de leur
expression.

Que des hommes vulgaires perdent le peu de sens et
de raison qui leur ont été départis, on les plaint et l'on

rougit intérieurement de cette espèce de dégradation vraiment humiliante pour tout le genre humain ; mais combien est plus cruel cet avilissement, lorsque le génie lui-même est réduit à payer le plus honteux des tributs qui puissent peser sur l'humanité !

Comme par un coup de foudre, quelques hommes célèbres ont été rayés du nombre des êtres pensants : d'autres n'ont été obsédés que de visions plus ou moins singulières. Qui pourrait dire que ces visions n'ont pas accéléré l'accomplissement de leurs destinées ? Au moment d'asservir sa patrie, César aperçoit un fantôme sur les bords du Rubicon : peu de jours avant la bataille de Pharsale, Brutus rêvant le rétablissement de la liberté romaine est réveillé par un spectre. Méditant un nouvel ordre du monde, *Descartes* entend une voix qui l'appelle à la recherche de la vérité ; non moins illustre qu'eux, PASCAL voit à ses côtés un abîme toujours ouvert, toujours prêt à l'engloutir.

Ces terreurs mensongères ne refroidissent point le zèle qui l'excite à soulager la misère de ses semblables. Ce n'est pas assez pour sa charité que de recevoir les infortunés jetés dans son sein par la divine Providence, il les cherche, il vole au devant d'eux. Si ses infirmités l'empêchent d'accomplir ses pieux desseins, s'il lui est interdit d'habiter le séjour même des malheureux, son toît hospitalier devient leur asile. Il fait plus encore : il abandonne sa maison à ces pauvres qu'il ne doit plus revoir ;

et expire dans les bras d'une sœur chérie , le 19 Août 1662.

C'en est fait. Le génie de PASCAL est rappelé de ce monde : cette flamme céleste est réunie au foyer dont elle était émanée. Il n'y a plus du grand homme que des membres desséchés par la douleur et glacés par la mort. Le tombeau va les dévorer, déjà ils sont détruits. Les restes de PASCAL ne sont aujourd'hui que quelques atômes d'une vile poussière...... Ah ! du moins, la haine, le fanatisme n'ont pas disputé un peu de terre à sa dépouille mortelle ; les malheureux n'ont pas été contraints de cacher leurs larmes ; la piété fraternelle a pu gémir sur une tombe honorable ; il n'a pas été défendu à l'amitié de la couvrir de fleurs..... Mais quand bien même l'envie aurait profané sa cendre ; quand bien même l'or incrusté dans le marbre ne dirait pas à la fois les noms et les vertus de PASCAL, sa gloire n'en serait ni moins éclatante ni moins durable.

Qu'un homme ait reculé les limites de quelques parties des Sciences exactes, c'est assez pour mériter un éloge solennel ; les *Euler*, les *Bernouilli*, les *Lagrange* n'ont pas d'autres titres à la célébrité : que *Galilée*, *Francklin*, *Lavoisier*, *Galvani* soient immortels, ils ont surpris à la nature quelques-uns de ses secrets : que dans un siècle poli, maniant avec esprit, avec grâce, une langue perfectionnée, un auteur donne des ouvrages aussi bien pensés que bien écrits, il a droit aux hommages publics ; les honneurs rendus aux *Labruyère*, aux *Fontenelle*, aux *Laroche-foucaud* sont légitimes : Qu'un philosophe chrétien s'applique à nous rendre meilleurs, qu'il nous fasse aimer la vertu ; qu'il nous enseigne à la pratiquer, il trouve le prix de ses veilles, la récompense de ses travaux dans la vénération du monde entier : les noms de *Bourdaloue*, de *Fénélon*, de *Bossuet*, de *Massillon*, seront éternellement respectés ; mais si un homme est assez extraordinaire pour se montrer supérieur dans tous ces genres, s'il crée plutôt qu'il ne produit, s'il surpasse de bien loin ses devanciers et s'il est ponr ses successeurs un modèle désespérant, quel tribut d'honneurs, d'hommages, de reconnaissance ne doivent point apporter à ses pieds les comtemporains et la postérité !

Comment ne pas être transporté d'admiration, lorsqu'on voit PASCAL, né géomètre et physicien, devenir tout-à-coup créateur de l'art difficile de peindre et d'orner la pensée. Peut-on, sans être pénétré d'un respect profond, se représenter le plus puissant génie, perpétuellement plongé dans un océan de douleurs, ne soulever sa tête chrétienne que pour s'élancer vers la divinité et ne la baisser que pour envisager les malheureux. Le savant, l'écrivain, le philosophe, le chrétien trouveront toujours dans PASCAL le plus parfait modèle. Ah! Pourquoi faut-il que sa carrière ait été terminée au moment où la gloire de son âge mûr allait effacer, s'il eût été possible, la gloire de sa jeunesse? Si l'on pense que l'Auteur de tant de prodiges n'a pu atteindre son huitième lustre, que de regrets entraîne cette cruelle réflexion ! Mais l'imagination, sans craindre de s'égarer, peut accumuler les merveilles qu'il aurait produites, si comme *Newton* et *Voltaire* il avait vu s'écouler pour lui un siècle presqu'entier.

A Rouen. Chez F. BAUDRY, Imprimeur du Roi et de la Société d'Emulation, faubourg Bouvreuil, no. 33. (1815.)